ABC
1+2=
ABC

Daniela Kulot, 1966 im oberbayerischen Schongau geboren, hat schon seit frühester Kindheit auf allem gemalt und gezeichnet, was ihr in die Finger kam. Heute lebt und arbeitet Daniela Kulot in Augsburg und gestaltet Bilderbücher, die durch ihren fröhlichen und eigenwilligen Humor unverwechselbar sind und sich im In- und Ausland großer Beliebtheit erfreuen.

Mehr über unsere Bücher, Autor:innen und Illustrator:innen auf:
www.thienemann.de

Kulot, Daniela:
Wir sind erste Klasse!
Ein ABC zum Schulanfang
ISBN 978 3 522 45881 8

MIX
Papier | Fördert gute Waldnutzung
FSC® C002795

Reproduktion: Schwabenrepro, Stuttgart
Druck und Bindung: Livonia Print, Riga

11. Auflage 2024

www.daniela-kulot.de

Daniela Kulot

Wir sind erste Klasse!

Ein ABC zum Schulanfang

Thienemann

A

Anton ist aufgeregt. Er kommt heute in die erste Klasse! Hurraaaa!!! Anorak an, Apfel einpacken und ab! Aber halt! Vorher muss Anton Mama trösten. Sie heult ja jetzt schon.
„Heute beginnt für dich der Ernst des Lebens, mein Liebling“, schluchzt Mama.
„Ach was“, sagt Anton. „Das wird sicher lustig. Wir sehen uns das einfach mal an.“

B

Betti, Antons Freundin von nebenan, kommt auch in die Schule.
Sie hat ihre neue Brille auf! Boah, ist die toll! Und die braucht sie auch,
wenn sie lesen lernen will. Denn ohne Brille ist Betti blind wie eine Bisamratte.
Ob Bisamratten überhaupt blind sind? Egal, auf jeden Fall klingt das gut.

C

Carl sitzt wie jeden Tag am Eingang vom Casino. Bestimmt hat er Hunger.
Anton schenkt ihm seine Clementine aus der Schultüte. Clementinen sind superlecker!
Von Betti bekommt Carl ein Cola–Fläschchen aus ihrer Manteltasche.
Dort ist immer eins gebunkert für Notfälle. Und das ist ein Notfall.

D

Deborah! Da ist Deborah mit ihrem Dackel Dunja. Dunja ist eine feine Dame.
Drei dicke Dahlien zieren heute ihren Kopf. Extra für den Schulanfang.
Am ersten Schultag darf man doch seinen Dackel von zu Hause mitbringen,
findet Deborah. Das finden Anton und Betti auch. Und Deborahs Papa auch.

E

Emil kommt von weiter weg. Er muss deshalb mit dem Auto fahren.
Nicht er, sondern seine Mama natürlich. Das Auto ist winzig klein. Eine Ente. Aber toll sieht sie aus, das ist das Wichtigste. Und sogar Emils ellenlanger Papa passt mit rein!
„Echt abgefahren!“, sagt Betti.

F

Finja kommt mit ihrer ganzen Familie: Mama, Papa und der kleine Fred.
Bei Anton ist nur Mama dabei, bei Betti nur der Papa.
Familien sind eben ganz unterschiedlich.

G

Gregor braucht eine Gehhilfe. Das Gelenk an seinem Fuß ist schief gewachsen. Vielleicht wird es irgendwann gerade. Aber das kann noch dauern, sagt der Gelenkdoktor. Gregor hat dadurch gelernt, viel Geduld zu haben. Und das ist manchmal seeehr von Vorteil. Aber auch die anderen Kinder müssen mit ihm geduldig sein.

H

Hannah ist oft ganz schön hektisch. Hektisch heißt, dass immer alles ganz schnell gehen muss. Vor lauter Hektik ist ihr die Schultüte runtergefallen. Ausgerechnet heute! Hilfe! Aber schon sind ein paar Kinder da. Sie helfen ihr, alles wieder einzusammeln. Huch, ein Hase!

I

„Igitt!“, schreit Imran. „Wie das stinkt!“ Imran ist in irgendwas hineingetreten. Das muss er erst einmal ganz genau untersuchen. Dinge, die stinken, sind ja oft sehr interessant, findet Imran. Hey, das ist Iltis-Kacke! Ganz sicher. Die erkennt man nämlich daran, dass sie länglich ist wie ein I und wahnsinnig stinkt. Hihi, aber Imran hat ja immer irre Ideen: „Ich bau daraus eine Stinkbombe!“

J

Jasmin ist mit ihrer Jacke hängen geblieben. Oje! Ihre wunderschöne Jasminblüten-Jacke!
Jedes Jahr im Januar stickt ihr Mama eine neue Jasminblüte drauf. Zum Geburtstag.
Und jetzt ist sie kaputt. Jammerschade!
„Mein Jasminchen, nächstes Jahr gibt’s eine neue Jacke“, tröstet Mama.
„Ja“, sagt Jasmin, „und mit ganz viel neuen Jasminblüten drauf, ja?“

K

Da kommt Frau Kanne, die neue Klassenlehrerin. Die Kinder kennen sie bereits.
Und sie heißt wirklich so. Man soll sich ja nicht über Namen lustig machen.
Keiner kann was für seinen Namen. Aber Frau Kanne?
Da könnte einem schon was dazu einfallen. Ganz klar. Doch klasse sieht sie aus.
Ein bisschen wie eine Kaffekanne eben.

L

Lilli hat zwei Hände. Das ist nichts Besonderes. Haben ja fast alle.
Aber Lillis linke Hand ist viel stärker als die rechte. Sie ist eine Linkshänderin.
Und das ist schon eher was Besonderes. Sie ist ein bisschen stolz darauf.
Ganz viele großartige Künstler sind auch Linkshänder. Leonardo da Vinci zum Beispiel.
Der hat die berühmte Mona Lisa gemalt. Mit links!

M

„Mama“, ruft Mario. „Ich muss mal.“
„Moment, wir schauen gleich mal, wo die Toiletten sind“, sagt seine Mama.
„Da?“, fragt Mario. „Wo das Männchen drauf ist?“
„Ja“, sagt Mama. „Genau da.“ Mannomann, Betti muss auch.
„Dann mach mal“, sagt Anton. „Aber bei den Mädchen!“

N

Nasrin ist nervös. Und warum ist sie nervös?
Na ja, so viele neue Kinder. Und Nasrin kennt noch niemanden. Nur die Lehrerin.
„Das ändert sich ganz schnell“, sagt Frau Kanne. Nasrin nickt.
Frau Kanne ist nämlich nett.
Und wenn sie das sagt, wird es schon stimmen.

O

Oskar hat die obertollsten Omas, Opas, Tanten und Onkels.
Und: er kann oberviele Omelettes essen. Und: er kann einen obervollen Ozean austrinken.
Und: er macht obersicher bei den Olympischen Spielen mit. Beim Ohrenwackeln.
Er ist einfach der Ober-Held. Und heute? Am ersten Schultag?
Da wird er der Ober-Boss sein. Von allen Kindern. Ganz sicher. Oder?

P

Paula popelt gerne in der Nase. Darin ist sie Profi.
„Igitt, wie peinlich!“, sagt Papa.
„Papperlapapp“, sagt Paula. „Popeln ist echt praktisch.“
„Puuh!“ Papa verzieht das Gesicht. „Aber putz das wenigstens an einem Papiertaschentuch ab.“
„Dann ist es aber nicht mehr praktisch“, meint Paula.

Qu

Quentin hat sich für den ersten Schultag in ein quietschgrünes Quakfroschkostüm gequetscht.
Kein Quark. Da kennt er nichts. „Quak!“, ruft er, als er in der Schule ankommt.
Er hat nämlich vor, in der Schule nur Quatsch zu machen.
Wofür sollte Schule sonst da sein?
Und alle Kinder, die Quentin sehen, quieken quietschvergnügt.

R

Ruslana ist Russin. Rrrrruslana sagt sie. Das klingt toll. Niemand kann das R so rollen wie Ruslana. Betti versucht es auch. Aber da kommt bloß ein Chrr raus. Das klingt überhaupt nicht toll. Und Anton probiert's erst gar nicht. Er hat sich schon immer ein bisschen um das R gedrückt. Wenn er Roller sagt, klingt das eher wie Joller. Aber egal. Ruslana wird ihnen das schon beibringen.

S

Seht mal, Stefans Schultüte. Suuuper! Stefan ist nämlich Schlangenfan. Er hat sogar eine echte Schlange zu Hause. Eine Strumpfbandnatter. Wirklich wahr. Auch sonst hat er überall Schlangen drauf: auf jedem Shirt, auf den Schuhen und – na klar – auf der Schultüte. Dagegen können die anderen Schultüten echt nicht anstinken. Das muss man einfach neidlos anerkennen.

T

Tina ist tapfer. Sehr tapfer. Sie hatte heute Nacht nämlich einen bösen Traum.
Sie träumte, dass aus der Türe der Schule tausend tollwütige Trolle kommen. Total schrecklich.
Doch dann hat Mama sie getröstet. Und jetzt geht sie ganz tapfer durch die Tür.
Und siehe da, da ist ja gar nichts. Nur tausend Kinder. Na ja, gut, eher hundert. Oder so.
Jedenfalls kein einziger Troll.

U

Und nun? Frau Kanne sieht sich um. Nun sind alle Kinder da.
„Geht schon mal ins Klassenzimmer und sucht euch einen Platz aus“, sagt Frau Kanne.
„Wir beginnen gleich mit dem Unterricht.“ Das ist ein Drunter und Drüber! Aber alle finden einen Platz. Auch Udo. Udo, der normalerweise nicht still sitzen kann und ununterbrochen mit den Beinen zappelt. Aber wenn der Unterricht losgeht, ist Udo ruhig. Weil Udo unbedingt ganz viel lernen will. Zum Beispiel wie man Ufos baut oder wie man bis unendlich zählt.

VANJA

V

Vorstellungsrunde! Vanja legt gleich los.
„Ich heiße Vanja. Mein Lieblingsessen ist Vanillepudding. Und ich habe einen Vogel.“
„Hihi“, kichert Betti. „Du hast einen Vogel?“
„Ja“, sagt Vanja, „nämlich einen Vogel Strauß. Auf dem kann man reiten.“
Vanja hat sogar ein Bild dabei.
„Voll krass“, sagt Anton. „Vielleicht bringst du ihn mal mit?“

W

Jetzt ist Walter dran. „Walter, was willst du mal werden?“, fragt Frau Kanne.
„Ich will Walfischretter werden“, sagt Walter.
In den Weltmeeren werden nämlich Wale gejagt. Und das will Walter nicht.
„Dann fahre ich mit einem Boot zu den Walfischen und wehre Walfischfänger ab.“
„Wow!“, sagt Betti. „Das will ich auch werden.“

XAVER

X

Und Xaver?
„Meine Oma Xantippe sagt, ich habe X-Beine.“
X-Beine sind das Gegenteil von O-Beinen. Sie gehen in der Mitte zusammen. Wie ein X eben.
„Aaaber“, sagt Xaver, „X-Beine sind megagut, wenn man Torwart ist.
Da geht nix rein. Echt nix.“

Y

Yvonne liebt Yuccapalmen, Yachten und den Yeti. Wie passt denn das zusammen? Ganz einfach. Yvonne sammelt Wörter, die mit Y beginnen, wie Yvonne. Die sind nämlich selten. Wörter, die mit Y enden, gibt es viele. Das ist easy-peasy. Aber mit Y am Anfang? „New York!“, ruft Anton. „Nee“, sagt Betti. „Das ist gemogelt.“

Z

Und dann kommt auf einmal Zora angerannt. Sie ist wieder mal zu spät.
Das macht Zora zornig. Sie kann doch nichts dafür!
Heute Morgen hat nämlich plötzlich ihr Zahn gewackelt. Der will nicht drinbleiben und auch nicht raus. Und deshalb kommt sie zu spät. Ausgerechnet am ersten Schultag.
Das ist doch ein Grund, zornig zu sein. Aber erklär das mal jemandem.

Jetzt sind wirklich alle Kinder da. Nach der Vorstellungsrunde dürfen die Kinder in die Aula kommen. Hier steht schon Frau Dotterweich, die Rektorin. Das ist die Ober-Chefin der Schule. Sie stellt sich vor, begrüßt alle und dann redet sie etwas. „Puh, das dauert“, denkt Anton. Aber die Eltern, Omas, Opas, Tanten und Onkels finden das wohl interessant, so wie sie schauen.

Na endlich! Ab zum Buffet. Das ist das Beste.
Die Eltern der Zweitklässler haben für die Erstklässler etwas mitgebracht.
Was es da alles gibt. Leckeres Essen von A bis Z!

Anton ist pappsatt.
„Örrgs“, Betti macht einen kleinen Rülpser.
Zum Glück hat’s niemand gehört. Außer Anton.
Jetzt sind alle bereit für das Foto.
Und dann lernen die Kinder noch ein Lied.
Es ist ganz leicht:

Die Schule geht jetzt los,
mach nicht mehr in die Hos’,
das ABC, das ABC,
das tut ja gar nicht weh!

Wir singen laut im Chor,
das geht ganz schön auf’s Ohr!
Wir stampfen mit dem Fuß,
und essen Apfelmus.

Das Rechnen macht mich froh,
ich mach’s auch auf dem Klo.
Ich lerne dies und lerne das,
mit Augen, Ohr’n und Nas’.

Willkommen ich und du,
wir schreien laut: „Juhuu!“
Das ABC, das ABC,
das tut ja gar nicht weh!

Auf die Melodie von
„Ich wollt’, ich wär ein Huhn“

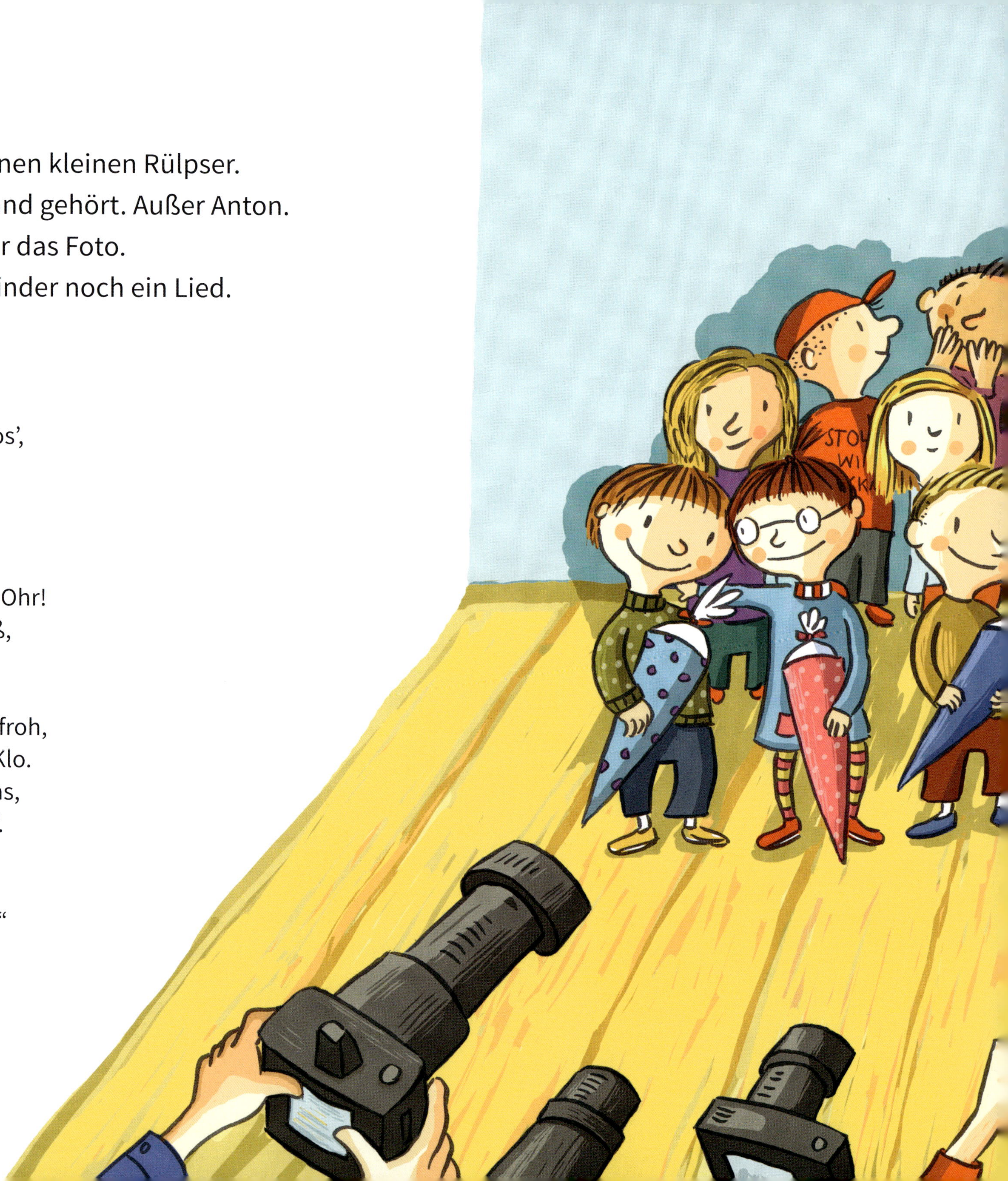

LESEN MACHT GROSS!

Und dann ist die Schule aus.
Anton und Betti kennen jetzt schon alle Kinder aus der ersten Klasse. Also ein bisschen zumindest.
„War ja gar nicht so schlecht, der erste Schultag“, meint Mama auf dem Nachhauseweg.
„Hab ich doch gesagt“, sagt Anton.
„Klasse war das“, sagt Betti. „Erste Klasse! Da geh’n wir mal wieder hin.“

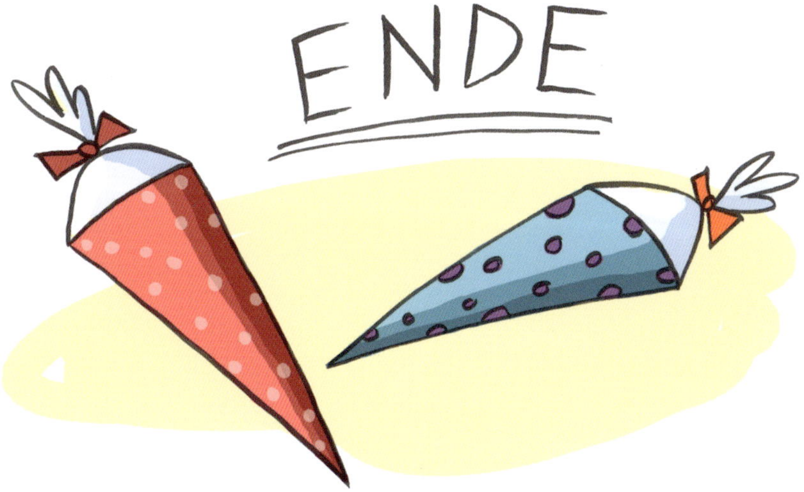
ENDE

ABC
1+2=
ABC